QUÍMICA
EN LA
COCINA

QUÍMICA EN LA COCINA

Beverly Le Blanc

Traducción de Daniela Bochicchio Riccardelli

PROYECTOS  CIENTÍFICOS

CHERRYTREE BOOKS □ UNIDAD DE PUBLICACIONES EDUCATIVAS / SEP

Título original: *Quemistry in the Kitchen*
Traducción de Daniela Bochicchio

Primera edición en Libros del Rincón: 1991

Coedición: Cherrytree/SEP

Producción: SECRETARÍA DE EDUCACIÓN PÚBLICA
Unidad de Publicaciones Educativas
Isabel la Católica 1106
03610 México, D.F.

Diseño: Pemberton Press Ltd

ISBN 968-29-3822-8

Impreso y hecho en Italia.

Contenido

Antes de empezar

Antes de que realices cualquier experimento, tómate unos minutos para leer las Precauciones en la página 42, al final del libro. Ninguno de estos experimentos es peligroso, pero deberás tener mucho cuidado al utilizar algunos de los enseres de la casa o de la escuela. Si lees algo que no te quede claro o tienes alguna pregunta sobre alguno de los experimentos, pídele a algún adulto que te ayude.

En algunos de los experimentos podrás ver la siguiente anotación:

Esto significa que debes pedir permiso para llevar a cabo el experimento. Puedes necesitar la ayuda de algún adulto.

NO REALICES los experimentos donde aparezca la anotación:

a menos que algún adulto esté dispuesto a ayudarte.

Para todos los experimentos deberás tratar de seguir las instrucciones de la manera más apegada posible. Para los experimentos en los que tengas que construir algo, los dibujos te ayudarán a entender mejor cómo hacerlo. La mayor parte de los experimentos saldrán mejor si sigues bien lo que indican los dibujos. Si un experimento no te sale la primera vez, trata de averiguar por qué e inténtalo de nuevo.

La química en la cocina

La química es la ciencia que estudia cómo están hechas las diferentes sustancias y cómo pueden cambiar. La mayor parte de los químicos trabajan en laboratorios. Tu casa, sin embargo, posee un laboratorio interno en el que bien puedes estudiar química: la cocina.

Casi todo el trabajo de la cocina utiliza la química o los procesos químicos. Cuando hierves agua, haces que ésta pase de ser un líquido a ser un gas. También cambias la composición de la comida cuando la cocinas.

Todos los experimentos de este libro te muestran por lo menos un proceso químico. Varios de ellos además producen un resultado delicioso.

La congelación

La congelación es lo que sucede cuando un líquido se vuelve sólido. Las moléculas de los sólidos se juntan y ya no se mueven. El hielo es agua congelada. El agua se congela a 0 grados centígrados. Esto se conoce como "punto de congelación". Cuando el agua se vuelve hielo, se expande. Esto significa que ocupa más espacio.

El agua que "crece"
He aquí dos experimentos que demuestran cómo se expande el agua cuando se congela.

1. Vierte agua en el vaso hasta la mitad.

2. Utiliza el lápiz para marcar el nivel del agua sobre el vaso. Coloca el vaso en el congelador hasta que el agua se convierta en hielo.

¿Dónde está el borde del hielo? Estará por encima de la marca de lápiz, porque el hielo ocupa más espacio que el agua. Marca el nuevo nivel.

Necesitas:

un vaso de plástico
agua
un lápiz

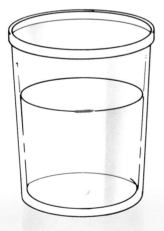
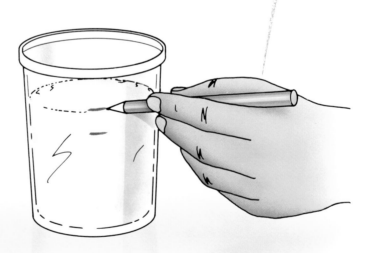

1. Llena el vaso hasta el borde con agua.

2. Tapa el vaso con un pedazo de plástico, de manera que éste quede lisito al ras del vaso. Utiliza una liga para sujetar el plástico. Coloca el vaso en el congelador hasta que el agua se haga hielo.

Necesitas:

un vaso de plástico
agua
un pedazo de plástico
una liga

¿Empujó el hielo al plástico? Éste deberá verse abultado, pues el hielo ocupa más espacio que el agua.

El hielo flotante

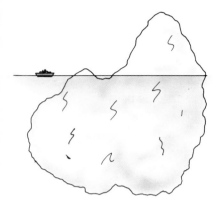

Aunque sea tan pequeño como los cubos que vemos en el congelador, el hielo flota con la mayor parte debajo del agua, como los icebergs.

Aproximadamente la décima parte de un iceberg es lo que queda por encima del nivel del agua. Tanto así es lo que se expande el agua cuando se congela. El hielo flota porque no es tan denso como el agua y por lo tanto pesa menos.

Cómo hacer un iceberg

Puedes hacer tu propio iceberg para que flote en un tazón de agua.

1. Llena de agua un vaso de plástico. Ponle unas gotas de colorante. El colorante hará que te resulte más fácil ver cómo flota el hielo.

2. Coloca el vaso en el congelador durante varias horas, hasta que el agua se haya convertido en hielo.

3. Saca el vaso del congelador, y luego saca el hielo del vaso.

4. Llena de agua un tazón de vidrio transparente. Coloca el hielo pintado dentro del agua.

¿El hielo flota o se hunde? ¿Qué tanto del hielo queda debajo del agua? La mayor parte del hielo deberá quedar debajo de la superficie del agua.

Necesitas:

un vaso de plástico
agua
colorante vegetal
   (opcional)
un tazón transparente

¿Sabías que...?

¿Has oído alguna vez que la gente dice "la punta del iceberg"? Esto significa que sólo se conoce una pequeñísima parte de algo, al igual que sucede con un iceberg del que sólo se puede ver la punta.

La fundición

La fundición se presenta cuando un sólido se vuelve líquido. Las moléculas de un líquido no permanecen siempre en la misma posición. Es por ello que los líquidos fluyen y se derraman. Si el hielo se derrite o funde, vuelve a convertirse en agua. El punto de fusión o fundición es 0 grados centígrados. Sucede lo mismo que con el punto de congelación. Si la temperatura es de una fracción superior a los 0 grados, el sólido empezará a derretirse.

Cómo convertir el hielo en agua

1. Haz dos vasos de hielo. Marca el nivel hasta donde llega el hielo.

2. Derrite uno de los vasos de hielo dejándolo a la temperatura ambiente.

3. Derrite el otro vaso de hielo dejándolo en el refrigerador.

¿Cuál de los dos vasos de hielo se derrite primero? Deberá ser el que dejaste a la temperatura ambiente. Esto sucede porque entre más alta sea la temperatura, más rápido se derretirá el hielo.

Necesitas:

2 vasos de plástico con hielo

¿Sabías que...?

Los cubitos de hielo se derriten cuando los pones en un vaso con alguna bebida. Incluso si acabas de sacar la bebida del refrigerador, no estará lo suficientemente fría como para evitar que el hielo se derrita, pues la bebida es un líquido y ya sabemos que su temperatura está por encima del punto de congelación. Cuando la temperatura es más alta que el punto de congelación, el hielo comienza a derretirse.

La ebullición

La ebullición hace que el agua se convierta en gas. Las moléculas de un gas están muy separadas entre sí y libres para moverse hacia cualquier lado. El agua se convierte en gas a los 100 grados centígrados. Esto se conoce como punto de ebullición. La ebullición es parte del proceso que se emplea para convertir el agua salada del mar en agua potable. Este proceso se llama destilación.

Cómo hacer agua destilada

El agua salada del mar se destila en cantidades de miles de litros, utilizando plantas especiales de destilación. En la cocina puedes destilar una cantidad pequeña de agua.

1. Coloca una olla con agua salada sobre el quemador de la estufa. Prueba el agua para asegurarte de que esté muy salada.

2. Tapa la olla y deja hervir el agua.

3. Utilizando una agarradera, levanta con cuidado la tapa de la olla. Voltéala. Cuando el aire frío le da a la tapa, el vapor se enfría y se convierte en pequeñas gotas de agua. Esto se conoce como condensación. Coloca esta agua en el tazón, con mucho cuidado. Vuelve a poner la tapa sobre la olla con agua hirviendo.

4. Sigue el mismo procedimiento hasta que en el tazón tenga suficiente agua como para probarla. El agua no te sabrá salada. ¡Asegúrate de que el agua se haya enfriado antes de probarla!

Necesitas:

una olla con tapa
agua
sal
agarraderas para sujetar
   cosas calientes
un tazón refractario

Cocinando por ebullición

Durante miles de años la gente ha cocinado la comida por medio de la ebullición. Esto sucede porque al hervir los alimentos éstos se ablandan y además se mueren las bacterias nocivas. La ebullición también "mata" las células de la comida.

Cómo "matar" una zanahoria

Este experimento te mostrará la diferencia entre las células de una zanahoria viva y las de una zanahoria que ha sido hervida.

1. Corta en dos partes una zanahoria larga y gruesa, de manera que cada mitad quede del mismo largo. Ambas mitades deben tener los extremos lisos. Corta un agujero en la parte superior de cada una de las mitades.

2. Hierve una de las mitades durante 10 minutos.

3. Escurre con cuidado la zanahoria hervida. Cuando esté fría, párala sobre el platón de manera que el agujero quede hacia arriba.

4. Para en el platón la zanahoria que no cocinaste, también con el agujero hacia arriba.

5. Ponle agua al platón hasta unos 5 mm. Echa una cucharadita de azúcar en los agujeros de ambas mitades de zanahoria. Deja reposar las zanahorias durante 15 minutos. Ahora podrás observar que la cavidad de la zanahoria que no herviste está llena de agua y azúcar. En cambio el azúcar de la zanahoria hervida estará seca. Esto sucede porque el agua pudo pasar a través de las células vivas en la zanahoria cruda. El agua, en cambio, no puede pasar a través de las células muertas de la zanahoria hervida.

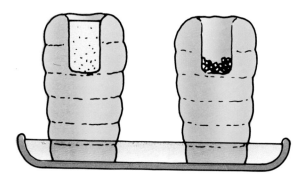

Necesitas:

una zanahoria
un cuchillo
una olla con tapa
agua
un platón pequeño y con
    bordes
azúcar

¿Sabías que...?

El proceso en el cual el agua pasa por las células vivas se llama ósmosis. Veamos otro ejemplo de ósmosis: coloca un puñado de pasitas en un tazón. Échales agua caliente. Después de unos 30 minutos, las pasitas se habrán hinchado y estarán más grandes. También habrá menos agua en el tazón. Las pasitas habrán chupado el agua a través de su piel, por ósmosis.

La disolución

En el experimento de la página 12, la sal que le agregaste al agua pareció haberse desvanecido. También cuando le pones azúcar al té, el azúcar parece desaparecer. Pero si pruebas el té, notarás que el azúcar sigue ahí. Esto sucede porque el azúcar se disuelve en el líquido.

¿Se disolverá?

No todas las sustancias se disuelven. Este experimento te mostrará que algunas sustancias se disuelven y otras no. No vacíes los vasos cuando hayas terminado este experimento, podrás volver a usarlos en el que sigue.

Registra los resultados en una libreta.

Necesitas:

una libreta
un lápiz
4 vasos
una cuchara
sal
harina
hierbas secas
bicarbonato de sodio

1. Llena de agua los cuatro vasos.

2. Ponle sal a uno de los vasos. ¿Se disolvió?

3. Ponle harina a otro vaso. ¿Se disolvió?

4. Pon las hierbas secas en el tercer vaso. ¿Se disolvieron?

5. Pon el bicarbonato de sodio en el último vaso. ¿Se disolvió?

¿Sabías que...?

A la sustancia que se disuelve en un líquido se le conoce como soluto. El líquido se denomina solvente. Juntos, al soluto y al solvente se les llama solución.

La filtración

Al filtrar se le quitan a un líquido las sustancias que no se disolvieron. El agua de la llave ya ha sido filtrada para limpiarla cuando llega a tu casa.

Filtración de los líquidos

Un filtro separa las sustancias no disueltas de un líquido. Cuando un líquido se pasa a través de un filtro, las sustancias que no se han disuelto se quedan en el filtro.

1. Coloca una toalla o servilleta de papel sobre el tazón.

2. Vierte en el tazón un poco del agua con sal, a través de la toalla de papel. ¿Queda sal en el papel?

3. Vierte en el tazón un poco del agua con harina, a través de otra toalla de papel. ¿Queda harina en la toalla?

4. Repite los pasos anteriores con los otros ingredientes.

¿Cuáles son los ingredientes que no se disolvieron?

Puedes comprobar que la sal sigue estando en el agua aunque tú no la puedas ver. Una forma de demostrarlo es probando el agua, aunque también hay otra manera de saberlo. Deja al sol el vaso con agua salada. El agua se evaporará y la sal quedará en el fondo del vaso.

Necesitas:

una hoja de papel
un lápiz
4 toallas o servilletas de papel
un tazón
las cuatro soluciones del experimento anterior

Las suspensiones

¿Alguna vez has agitado un frasco con aceite y vinagre? Al principio, el aceite y el vinagre estarán mezclados. Luego, después de unos minutos, se separarán en dos capas. Éste es un ejemplo de una suspensión. En una suspensión, el soluto y el solvente se separan.

Cómo hacer una suspensión
Este experimento te mostrará la diferencia entre una suspensión y una solución.

1. Pon una cucharada de café instantáneo en el tarro. Agrega un poco de agua caliente y mezcla. ¿Se disolvió el café? ¿El café se mantiene disuelto o se separa después de 15 minutos?

2. Pon una cucharada de chocolate en polvo en el vaso. Muy lentamente, vierte leche fría en el vaso. Agita la mezcla rápido mientras vas agregando la leche. ¿Se disolvió el chocolate? Deja reposar 15 minutos ¿Se mantiene disuelto o se separa después de los 15 minutos?

¿Cuál es la suspensión? ¿El café o el chocolate?

Necesitas:

una cuchara
un tarro
café instantáneo
agua
un vaso
chocolate en polvo
leche

Aceite y vinagre mezclados

Si pones aceite y vinagre en un tazón con tapa y los agitas, podrás ver que se separan. Pero si agregas una yema de huevo, al batirlos verás que se mezclan. Esta mezcla se llama emulsión. La yema de huevo es el emulsificador. La yema recubrirá cada gota de aceite para que no se separe del líquido.

Cómo hacer mayonesa

La mayonesa es una emulsión. Haz un poco de mayonesa para que se la pongas a tu torta o a tu ensalada. Asegúrate de agregar el aceite muy lentamente. Si el aceite se agrega muy rápido, éste no se unirá al vinagre.

1. Mezcla la yema de huevo, todos los ingredientes secos y el vinagre.

2. Agrega 150 ml de aceite, aproximadamente.

3. Con una mano, bate la mezcla del punto 1 utilizando la cuchara de madera o el batidor de alambre. Con la otra mano, mete una cucharita en la taza con el aceite. Con la cucharita, deja caer el aceite gota por gota en la mezcla. Bate la mezcla tan rápido como puedas mientras añades el aceite. Puede ser más fácil si un amigo te ayuda dejando caer las gotas de aceite mientras tu bates la mezcla.

4. Cuando la mezcla empiece a espesar, puedes añadir el aceite en un chorrito delgado pero continuo. Sigue batiendo hasta que hayas vertido todo el aceite.

5. Puedes utilizar la mayonesa en tus tortas o ensaladas. Guárdala en el refrigerador, en un recipiente tapado. Durará una semana.

Necesitas:

1 yema de huevo
$1/2$ cucharadita de mostaza
una pizca de sal
una pizca de pimienta
una pizca de azúcar
1 cucharada de vinagre
150 ml de aceite vegetal
un tazón
una cuchara de madera o
    un batidor de alambre
una cucharita

El bióxido de carbono

Necesitas:

2 tazones pequeños
una cuchara
bicarbonato de sodio
agua
vinagre
envoltura autoadherente
    para alimentos o
    plástico transparente
una liga

Cuando destapas una botella de refresco, puedes oír un zumbido y ver muchas burbujas. Esto es a causa del bióxido de carbono que hay dentro de la botella. El bióxido de carbono es un gas. ¿Eructas después de beber refresco? Pues esto sucede porque tragas parte del bióxido de carbono que luego sale de tu estómago.

Cómo hacer bióxido de carbono

El bióxido de carbono se forma combinando un ácido con un carbonato. Los ácidos son un tipo de sustancia química y por lo general son de sabor agrio. El vinagre y el jugo de limón son ácidos. Los carbonatos contienen tanto carbón como oxígeno. El bicarbonato de sodio es un carbonato.

1. Pon una cucharada de bicarbonato de sodio en cada uno de los tazones.

2. Agrega una cucharada de agua a uno de los tazones y una cucharada de vinagre al otro.

Ambas mezclas se pondrán blancas. ¿Cuál de las dos está en efervescencia y tiene burbujas? Deberá ser la mezcla con vinagre. En este tazón habrás creado bióxido de carbono.

Repite el experimento. Esta vez, después de agregar los líquidos tapa los tazones con la cubierta autoadherente pero sin estirarla demasiado. La cubierta autoadherente del tazón con vinagre estará empujando hacia arriba. Esto es a causa del bióxido de carbono que hay en el tazón.

¿Sabías que...?

El proceso que se sigue cuando a un refresco se le agrega bióxido de carbono para que sea efervescente se llama carbonatación. A veces el agua mineral sale de los manantiales ya con bióxido de carbono, el cual está presente en forma natural.

Ⓟ Bióxido de carbono en acción

Puesto que el bióxido de carbono es un gas, es muy ligero. El bióxido de carbono es más ligero que el agua, de manera que sube cuando se encuentra en este elemento. Cuando el gas llega a la superficie del agua, flota hacia la atmósfera.

Cómo hacer que bailen unas bolas de alcanfor
Este experimento muestra cómo sube el bióxido de carbono cuando está en un líquido.

1. Coloca un frasco vacío en la mesa. Llénalo de agua a tres cuartos. Añádele 14 cucharadas de vinagre.

2. Agrega rápidamente ½ cucharada de bicarbonato de sodio.

3. Mientras el agua esté burbujeando, deja caer en el frasco tres bolas de alcanfor. Las bolas se irán al fondo.

Necesitas:

un frasco limpio (tan alto
    como sea posible)
agua
vinagre
bicarbonato de sodio
bolas de alcanfor

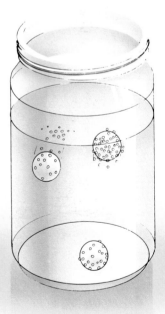

Después de unos 10 segundos, las bolas de alcanfor estarán cubiertas de muchas burbujitas. Estas burbujas son de bióxido de carbono.

Cuando haya suficientes burbujas alrededor de cada bola de alcanfor, ésta flotará a la superficie. Al llegar a la superficie, el bióxido de carbono se disuelve en el aire. Las bolas de alcanfor volverán a irse al fondo. En cuanto se formen más burbujas de bióxido de carbono, las bolas de alcanfor volverán a subir a la superficie.

Los almidones

El almidón es una sustancia alimenticia que producen las plantas. Tu cuerpo convierte los almidones en energía. La única manera de obtenerlos es comiendo alimentos que provienen de las plantas.

Necesitas:

yodo
agua
un frasco pequeño (para
    mezclar la solución de
    yodo)
4 platos pequeños
tocino
harina
una rebanada de papa
arroz cocido
un gotero

Cómo encontrar los almidones

Cuando el yodo entra en contacto con los alimentos que tienen almidón, su color cambia enseguida. Pasa de un color naranja amarillento a un color violeta oscuro. Este experimento tan sencillo te ayudará a saber qué alimentos contienen mucho almidón.

1. Haz una solución con 25 ml de agua y varias gotas de yodo. La solución será amarilla.

2. Coloca un pedazo de tocino en un platito.

3. Coloca un poco de harina en otro platito.

4. Pon una rebanada de papa en un tercer platito.

5. Pon el arroz en el cuarto platito.

6. Agrega al alimento de cada platito unas gotas de la solución de yodo. ¿Qué alimentos se ponen color violeta?

El pedazo de tocino será el único alimento que no se habrá puesto color violeta. El tocino proviene de un animal, no contiene almidón. Si no tienes los ingredientes que se indican en el experimento, inténtalo con otros alimentos.

En la farmacia puedes comprar yodo en pequeñas cantidades. Úsalo con mucho cuidado. El yodo puede manchar tus dedos de amarillo.

Las enzimas

Muchos de los alimentos que comes contienen almidón. En tu cuerpo hay unas pequeñas moléculas de proteína que se llaman enzimas. Las enzimas ayudan a que se lleven a cabo o se aceleren otras reacciones químicas. Algunas ayudan a disminuir las propiedades del almidón.

1. En el tazón, haz una pasta suave con harina y agua. Quedará de color blanco.

2. Añade una gota de yodo. La pasta se volverá color violeta oscuro. Esto sucede porque la harina es casi puro almidón.

3. Agrega una pequeña cantidad de detergente de tipo biológico y mezcla bien. Deja reposar la mezcla. ¿Qué sucede después de unos 15 minutos? La mezcla empieza a hacerse blanca otra vez. Las enzimas del detergente han degradado los almidones.

Necesitas:

harina
agua
un tazón
una cuchara
un gotero
yodo
detergente biológico, del
    tipo que contiene
    enzimas

¿Sabías que...?

Tu saliva contiene enzimas. Fíjate cómo degrada los almidones. Machaca ligeramente un pedazo de plátano. Escupe sobre un pedacito del plátano. Después de unos 30 minutos, la parte del plátano que quedó cubierta con saliva estará suave y blanda.

Los ácidos en acción

Los ácidos son un tipo de sustancia química. El jugo de limón y el vinagre son dos de los ácidos que podemos encontrar en la casa. Los ácidos pueden producir reacciones muy fuertes cuando se combinan con otras sustancias. Este experimento muestra cómo reaccionan los ácidos con el calcio.

Los ácidos destruyen el calcio

El calcio es uno de los minerales más importantes de tu cuerpo. Tu cuerpo utiliza el calcio para que los huesos sean fuertes y los dientes sanos.

En este experimento se emplea un cascarón de huevo. Los cascarones de huevo contienen mucho calcio.

1. Rompe un huevo. Pon la yema y la clara en un plato y guárdalo. (Puedes usar la yema para efectuar el proyecto de la página 17.)

2. Rompe el cascarón en pedazos pequeños y colócalo en un platito.

3. Cubre el cascarón con suficiente vinagre blanco. No dejes que el vinagre cubra todo el plato.

Después de unos tres días, el vinagre empezará a disolver el cascarón de huevo. Después de una semana, todo lo que quedará es la membrana delgada que recubría el interior del cascarón.

Necesitas:

1 huevo
2 platos
vinagre blanco

¿Sabías que...?

Los ácidos también afectan a tus dientes. El esmalte de tus dientes es de calcio. Las caries son ocasionadas por las bacterias. Las bacterias viven del azúcar de la comida. Después de haberse comido el azúcar, las bacterias producen un ácido. Este ácido es el que ocasiona las caries.

La vitamina C

Es muy importante que comas algo con vitamina C todos los días. Tu cuerpo la necesita para que se curen rápido las cortadas y los golpes. La única manera en que tu cuerpo obtiene la vitamina C es a partir de la comida. Cuando comes algo que contiene vitamina C, las reacciones químicas de tu cuerpo te ayudan a absorberla. Muchas frutas constituyen una buena fuente de vitamina C o ácido ascórbico, como también se llama.

Cómo detectar la vitamina C

Este sencillo experimento te mostrará qué frutas contienen mucha vitamina C. Cuando las frutas se cortan o golpean, se ponen de color café. Tal vez te hayas fijado que esto sucede cuando muerdes una manzana y luego la dejas. Este cambio de color es ocasionado por una reacción entre las enzimas de la fruta y el aire. La vitamina C retarda esta reacción. Las frutas que contienen grandes cantidades de vitamina C tardan más en ponerse cafés.

1. Corta las tres frutas a la mitad y déjalas reposar durante una hora.

2. Compara el tiempo que tarda cada una en ponerse de color café. La manzana es la primera que empieza a ponerse café. El plátano tal vez sea el siguiente. Ambas frutas contienen poca vitamina C. La naranja en cambio es un cítrico. Los cítricos, como las toronjas y las mandarinas, contienen grandes cantidades de vitamina C.

Necesitas:

1 naranja
1 manzana
1 plátano
un plato
un cuchillo

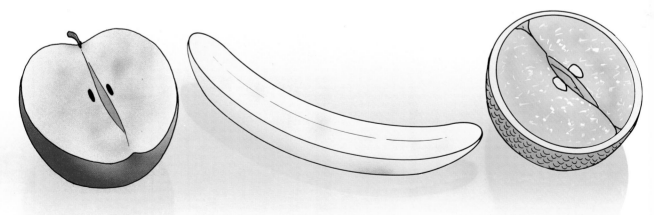

Agua dura y agua suave

Si te lavas el cabello cuando te encuentras en alguna otra parte del país, tal vez notes que necesitas más —o menos— cantidad de jabón que de costumbre. Hay diferentes tipos de agua en las distintas regiones. Algunas veces el agua es "dura" y otras es "suave". El agua dura contiene más minerales.

¿Qué tan dura es el agua que usas?
Cuando se utiliza agua suave, el jabón hace más espuma. Este experimento sencillísimo te mostrará qué tipo de agua tienes en casa.

1. Vierte agua destilada en uno de los frascos hasta la mitad. Añade unas gotas de detergente líquido. Tapa bien el frasco y agítalo con fuerza. El agua destilada es agua suave, de manera que deberá haber muchas burbujas en el frasco.

2. Llena el otro frasco hasta la mitad con agua de la llave. Agrega el detergente líquido y agita bien el frasco.

¿Se forman muchas o pocas burbujas? Si se forman muchas, quiere decir que el agua de tu casa es suave. Si hay pocas, entonces el agua es dura.

Necesitas:

2 frascos con tapa de rosca
agua destilada
agua de la llave
detergente líquido

Otra manera de saber si tienes agua dura o suave es mirando el interior de una cafetera eléctrica. Si el agua es dura, el fondo de la cafetera se verá como si estuviera recubierto de sarro.

Agua salada

¿Has nadado alguna vez en el mar? ¿No es más fácil que nadar en una alberca? El agua del mar es salada. La sal aumenta la densidad del agua. Entre mayor densidad tenga el agua, más tiempo podrá mantenerse flotando un objeto sólido y pesado.

Los huevos que flotan

Este experimento te muestra cómo la sal aumenta la densidad del agua. También es una buena manera de saber si un huevo está realmente fresco.

1. Mete un huevo entero y sin cocinar dentro de la taza llena de agua. El huevo se hundirá hasta el fondo de la taza si está realmente fresco. Quita el huevo.

2. Añádele al agua unas 6 cucharadas de sal y agita hasta que la sal ya no se vea. Mete el mismo huevo de antes.

Necesitas:

una taza graduada
agua
1 huevo
6 cucharadas de sal

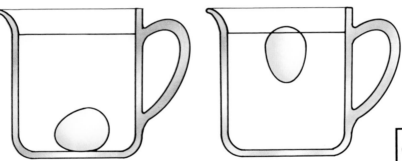

¿Qué pasa con el huevo? ¿Flota? Deberá flotar sobre la superficie del agua.

    También puedes usar el agua salada para realizar el experimento del iceberg que aparece en la página 10. Realiza ese experimento una vez con agua de la llave y otra con agua salada. ¿En cuál de los dos experimentos crees que habrá una mayor cantidad de hielo por encima de la superficie del agua?

¿Sabías que...?

Si un huevo flota en agua normal, quiere decir que no sirve. El agua que se encuentra en el interior de los huevos se evapora a través del cascarón a medida que éstos se van haciendo viejos. Si tiene menos agua, el huevo pesa menos y por lo tanto flota.

Gas etileno

Muchas frutas se cosechan y se envían a los mercados y tiendas antes de que estén bien maduras. Si tienes en casa alguna fruta que esté verde, será fácil utilizar la química para acelerar el proceso de maduración.

Cómo madurar un plátano

Las frutas producen un gas natural llamado etileno. Este gas ayuda en el proceso de maduración. Las manzanas producen más gas etileno que otras frutas. Si juntas una manzana y otra fruta que no esté madura, el gas etileno de la manzana ayudará a la otra fruta a que madure más rápido.

1. Escoge dos plátanos que no estén maduros. Deberán estar verdes y duros. (Si te cuesta trabajo escogerlos, pídele al vendedor del puesto del mercado que te ayude.)

Necesitas:

2 plátanos que no estén
    maduros
1 manzana
papel periódico
    o bolsa de papel

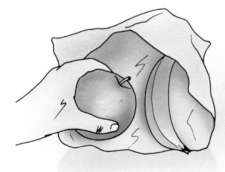
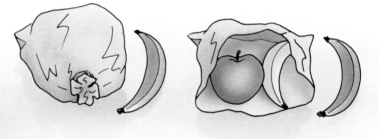

2. Envuelve perfectamente en el periódico, o mete en la bolsa de papel, uno de los plátanos con la manzana.

3. Deja el otro plátano al descubierto.

4. Revisa ambos plátanos todos los días.

¿Cuál de los dos se maduró primero?

Lindas flores de colores

No hay nada que pueda vivir sin la humedad. Las plantas chupan agua a través de sus raíces y tallos, por ósmosis.

Cómo hacer un ramo lleno de color
Puedes hacer un ramo de flores de diferentes colores aunque sólo tengas flores blancas. Este fácil experimento te muestra cómo las plantas chupan agua a través de sus tallos.

1. Llena varios frascos con agua. Agrega una gotas de colorante vegetal en cada frasco. Si así lo prefieres, puedes usar un solo color.

2. Coloca una o dos flores blancas en cada frasco.

3. Deja las flores en los frascos toda la noche. A la mañana siguiente verás que las flores absorbieron el agua con colorante a través de sus tallos y de las venas de sus pétalos.

Necesitas:

unos frascos
colorantes vegetales
agua
flores blancas

En busca de la luz

Las plantas siempre crecen hacia la luz del sol. Si volteas una planta de manera que sus hojas apunten en dirección opuesta al sol, después de unos días éstas ya estarán mirando en dirección de la luz. Lo anterior sucede porque las plantas sólo pueden elaborar su comida si están en presencia de la luz solar. Su proceso de elaboración de comida se llama fotosíntesis.

Un laberinto para las plantas

Este proyecto te mostrará lo "listas" que son las plantas cuando buscan la luz del sol. Sin luz, las plantas verdes no pueden vivir. Una planta se puede abrir camino a través de la oscuridad en busca de una fuente de luz.

Necesitas:

una caja de cartón con
   separadores
un cuchillo
una semilla de una planta
   que crezca rápido
agua
periódico o una bolsa de
   plástico negra
cinta adhesiva
un jarrito

1. Busca una caja de cartón y colócale los separadores también de cartón (puedes ver si tienen alguna en una tienda de abarrotes o incluso usar una caja de zapatos y ponerle los separadores).

2. Haz un agujero de unos 75 centímetros por lado en uno de los extremos de la caja.

3. Quita los separadores de la caja. Corta agujeros más pequeños en cada uno de los separadores. Haz los agujeros a distinta altura, de manera que planees un recorrido para la planta. Éste será el laberinto.

4. Siembra una semilla en un jarrito. Una plantita de frijol o de chícharo crece muy rápido. Coloca el jarrito con la planta en el rincón de la caja.

5. Tapa la caja con una bolsa de plástico negra o con varias capas de periódico. Con la cinta adhesiva, pega las orillas de la bolsa o del periódico en los bordes de la caja, de manera que no pueda pasar la luz.

6. Coloca la caja de manera que el agujero grande mire hacia la luz del sol. Después de varios días, verás que la planta ha crecido y ha encontrado la salida del laberinto. No olvides regar la planta todos los días con un poco de agua. Destapa la caja y riega la planta rápidamente; vuelve a taparla enseguida.

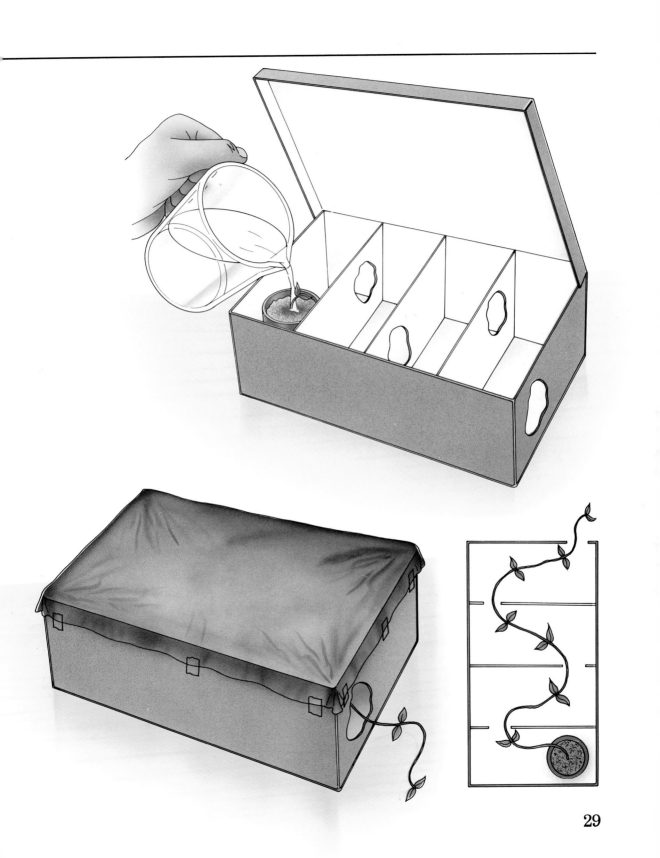

Una dieta sana

Para convertir la comida en energía, tu cuerpo emplea muchas reacciones químicas. La comida también sirve para que te mantengas sano.

La mejor manera de tener una dieta sana es comiendo muchos tipos de alimentos diferentes. En tu cuerpo se usan diferentes tipos de alimento para diferentes cosas.

A continuación te diremos cuáles son los principales grupos de alimentos y qué alimentos contienen más de cada nutrimento:

Las proteínas

Las proteínas son esenciales para crecer y para curar cualquier golpe o parte dañada del cuerpo. Las proteínas que sobran se convierten en energía. Son buenas fuentes de proteínas: las carnes rojas, el pollo y el pavo, los camarones, los frijoles, las nueces, los huevos, el queso y otros productos lácteos.

Las grasas

Las grasas son necesarias para tener energía. Los productos lácteos como la leche, el queso y la mantequilla son buenas fuentes de grasas. Los expertos en salud dicen que para cocinar o hacer aderezos es mejor utilizar el aceite vegetal que el animal. Entre los aceites vegetales está el de girasol, el de maíz y el de oliva. Si comes demasiadas grasas te puedes poner gordo; incluso puedes tener problemas del corazón cuando seas adulto.

Los carbohidratos

Los carbohidratos constituyen la principal fuente de energía del cuerpo. Son una forma de almidón. Si no comes carbohidratos todos los días, te sentirás demasiado cansado para jugar o hacer deportes. Son buenas fuentes de carbohidratos el pan, las papas, el arroz, los cereales y la fruta.

Es importante comer verduras que no podamos digerir. Frutas, frijoles, chícharos, verduras de hojas grandes y cereales sin refinar (que contengan fibra). La fibra nos ayuda a digerir el resto de nuestra comida, pero no contiene nutrientes. Una dieta sana siempre incluye mucha fibra.

Las vitaminas y los minerales

Ellos son los que hacen que tus huesos y dientes se mantengan fuertes. Hacen que tu pelo sea brillante y tu piel suave. Las vitaminas y los minerales también hacen que tu sangre se mantenga sana. Las mejores fuentes de vitaminas y minerales son los alimentos frescos. Las frutas, las verduras, los productos lácteos, la carne y el pescado contienen muchas vitaminas y minerales. La mejor manera de obtener suficientes vitaminas y minerales es comiendo todos los días alimentos diferentes.

El agua

Se debe beber un litro de agua al día. Cada célula de tu cuerpo contiene agua. Las células necesitan agua constantemente. Tu cuerpo puede aguantar más tiempo sin comida que sin agua. Cuando haga calor, toma más agua.

¿Qué tan saludable es tu dieta?

¿Comes gran variedad de alimentos todos los días? ¿O comes sólo tu comida favorita siempre que puedes?

¿Qué pasa si sólo comes pescado? Sucede que tu cuerpo estará obteniendo algunas proteínas, un poco de grasa y algo de carbohidratos. No estará comiendo fibra ni estarás ingiriendo suficientes vitaminas y minerales.

Si comes pescado dos veces a la semana y otros alimentos saludables en los demás días, obtendrás las combinaciones necesarias.

Haz una tabla de alimentos como la siguiente para cada día de la semana. Llénala después de cada comida. Te ayudará a saber qué tan sana es tu dieta.

Alimentos	Desayuno	Comida	Cena	Entre comidas
Proteínas	Tocino	Jamón	Pescado	Cacahuates
Grasas	Mantequilla	Queso	Mantequilla	Galletas
Fibra	Pan integral tostado	Pan	Brócoli y uvas	Cacahuates
Carbohidratos	Pan tostado	Pan	Papitas	Cacahuates y galletas
Vitaminas y minerales	Jugo de naranja	Manzana	Uva	Mandarina
Agua	1 vaso	1 vaso	2 vasos	Mandarina

Cómo se hace el pan

El bióxido de carbono es muy importante para hornear. Hace que el pan se esponje. La levadura es un hongo de una sola célula. Forma el bióxido de carbono en la masa para hacer pan. Cuando la levadura se combina con el azúcar y un líquido caliente, se multiplica rápidamente. Al multiplicarse, suelta bióxido de carbono. Este proceso se llama fermentación. La fermentación también se utiliza para hacer cerveza y vino.

La levadura en acción
Este proyecto se lleva a cabo en dos etapas. La primera muestra cómo la levadura forma bióxido de carbono. La segunda muestra cómo trabaja el bióxido de carbono cuando se hace el pan. Al terminar ambas etapas, tendrás 12 deliciosos panecillos que podrás servir para la cena.

No inicies el proyecto si no cuentas con unas dos horas y media de tiempo disponible. Lee bien las instrucciones antes de empezar.

Primera etapa

1. Mezcla 150 ml de agua hervida muy caliente y 150 ml de agua de la llave en una taza graduada. Deberán quedar 300 ml de agua caliente. Añade una cucharadita de azúcar. Espolvorea el contenido de un sobre de levadura seca sobre la superficie del agua. Agita una sola vez.

2. Pon la taza en un lugar caliente y déjala ahí. Lo ideal es cerca de una ventana por donde entre el sol.

3. Después de unos 5 minutos empezarán a aparecer burbujas sobre la superficie del agua. Es el bióxido de carbono que produce la levadura.

Segunda etapa

4. En un tazón grande, mezcla 450 g de harina y una cucharadita de sal. Añade 30 g de mantequilla a la mezcla, con las puntas de los dedos.

5. Echa el agua con levadura en la mezcla de harina. Asegúrate de echar todas las burbujas que se quedan pegadas a los lados del tazón. Usa las manos para mezclar bien el líquido y la harina.

Necesitas:

un tazón
150 ml de agua hervida
  muy caliente
150 ml de agua de la llave
1 cucharadita de azúcar
1 sobrecito de levadura
  seca
450 g de harina
1 cucharadita de sal
30 g de mantequilla
algo más de harina (para
  espolvorear)
un trapo para secar platos
una charola para hornear
un huevo (opcional)
agarraderas para sujetar
  cosas calientes
una reja metálica

6. Coloca la masa sobre una superficie ligeramente espolvoreada con harina. Usa las manos para amasar. Al amasar, el bióxido de carbono se distribuye en toda la masa. Sigue amasando durante unos diez minutos. La masa debe quedar tersa.

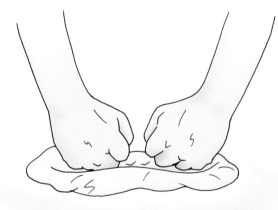

7. Vuelve a meter la masa en el tazón. Cubre el tazón con un trapo limpio para secar platos. Coloca el tazón en un lugar caliente y déjalo ahí durante unos 30 minutos. La masa crecerá al doble de su tamaño inicial. Esto sucede a causa del bióxido de carbono que estará levantándose dentro de la masa. Si la masa no ha crecido al doble en 30 minutos, déjala reposar hasta que crezca.

8. Coloca la masa sobre una superficie ligeramente espolvoreada con harina. Córtala a la mitad con un cuchillo. Verás que la masa tiene muchos orificios. Estos orificios son bolsitas de bióxido de carbono.

9. Vuelve a amasar la mezcla durante unos cinco minutos.

10. Divide la masa en 12 partes del mismo tamaño. Sujeta cada pedazo de masa entre tus manos y forma bolas de igual tamaño. Pon cada bola de masa sobre la charola ligeramente espolvoreada de harina. Deja que se esponjen durante unos 15 minutos más.

11. Calienta el horno a 220 grados centígrados.

12. Mientras tanto, si quieres darle un acabado brillante a los panecillos, utiliza un barniz de huevo. En un recipiente pequeño, bate un huevo junto con una cucharada de agua. Barniza cada bola de masa con el huevo batido.

13. Hornea los panecillos durante 15 minutos. Utilizando las agarraderas, saca del horno la charola con mucho cuidado. Escoge un panecillo y dale unos golpecitos en la parte de abajo. Si suena "hueco", el panecillo estará cocido. Prueba con otro panecillo. Si no suenan hueco, mételos al horno otros dos minutos. Vuelve a hacer la prueba. Cuando los panecillos estén cocidos ponlos a enfriar en un lugar seguro. Apaga el horno.

Para hornear sin harina

Cuando se hornea, normalmente se usa harina. La harina es un almidón. Ayuda a que los otros ingredientes se unan. Pero no siempre se tiene que utilizar harina. Este proyecto es para hacer galletas con almendras molidas y azúcar. En la mezcla entra aire y esto hace que sea ligera.

Necesitas:

un tazón
una cuchara de madera
125 g de mantequilla
125 g de azúcar
125 g de almendras
  molidas
1 cucharada de canela en
  polvo
una charola para hornear
agarraderas para sujetar
  cosas calientes
una espátula o pala
una rejilla de alambre

Cómo hacer galletas de almendra

1. Calienta el horno a 140 grados centígrados.

2. En un tazón mezcla 125 g de azúcar y 125 g de mantequilla. Bate con una cuchara de madera hasta que la mezcla quede ligera y esponjada. Te tomará unos minutos, así que no te rindas enseguida.

3. Añade las almendras molidas y la canela en polvo.

4. Pon la masa sobre una charola grande para hornear, en 14 porciones de igual tamaño. Hornea durante 45-55 minutos, o hasta que las galletas empiecen a dorarse en las orillas.

5. Saca la charola del horno con mucho cuidado y deja enfriar las galletas durante 2 minutos. Utilizando una espátula, pon las galletas sobre un recipiente plano y limpio para que se enfríen. Las galletas son muy suaves cuando están calientes. Cuando se enfríen, se volverán crujientes.

Ricas brochetas

A nadie le gusta la carne dura. Puedes usar la química para ablandar la carne antes de cocinarla.

Cómo ablandar la carne

Ya aprendiste en las páginas 20 y 21 que las enzimas ayudan a digerir los almidones. La piña contiene una enzima que ablanda la carne en forma natural. Si recubres unos pedazos de carne con piña antes de cocinarlos, la carne estará más suave una vez que la hayas cocinado.

1. Corta a la mitad la piña y sácale la pulpa. Machácala con un tenedor.

2. Quítales el pellejo a las pechugas. Corta cada pechuga en cuatro pedazos.

3. En un tazón, mezcla cuatro de los pedazos de pollo con la piña. Cubre el tazón con el plástico autoadherente y colócalo en el refrigerador durante 15 minutos. Pon los otros pedazos de pollo en otro tazón y cúbrelo también con plástico. Ponlos en el refrigerador.

4. Ensarta los pedazos de pollo con piña en una de las varas. Ensarta una cabeza de champiñón entre cada pedazo de pollo. Calienta una parrilla o brasero.

5. Haz otra brocheta con los pedazos de pollo restantes y con los champiñones.

6. Asa las brochetas durante 8-10 minutos, hasta que el pollo esté bien cocido. Dale vuelta a las brochetas cada 2 minutos.

¿Cuál de las dos brochetas es más suave?

Necesitas:

2 pechugas de pollo
una piña
una cuchara
un cuchillo
un tenedor
2 tazones
plástico autoadherente
2 varas delgadas y verdes
8 champiñones pequeños

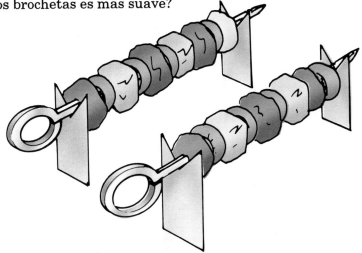

El moho al aire

El moho es un tipo de hongo que crece en la comida. Se ve como un arbusto diminuto. Crece a partir de unas esporas invisibles que se encuentran en el aire. Muchos tipos de moho son una señal de que la comida está podrida. Sin embargo, algunos tipos de moho ocasionan reacciones químicas que se utilizan para hacer algunos tipos de comida, como algunos quesos. Al moho le gusta vivir en un ambiente caliente y húmedo.

Cómo hacer moho

El moho se da en una gran variedad de colores. Algunos son grises o blancos, otros son azules o verdes. Veamos qué diferentes colores tiene el moho que vas a hacer. Una vez que se haya formado el moho, tira la comida a la basura. *No te la comas.*

Necesitas:

varios alimentos crudos
bolsitas de plástico
    transparente

1. Reúne varios tipos diferentes de alimentos crudos. Puedes usar lo que quieras. Entre los que te pueden servir están el queso, una rebanada de jamón o de pan, un pedazo de cáscara de plátano, una cucharada de crema, medio limón.

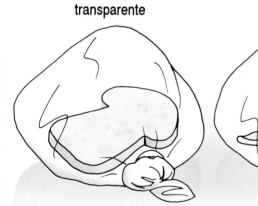

2. Coloca cada alimento en una bolsita de plástico transparente. Sopla dentro de cada bolsita, una por una, y amarra bien su extremo. Procura que no se salga el aire.

3. Coloca las bolsitas en un lugar caliente y oscuro. Después de varios días habrá empezado a desarrollarse una buena colección de moho. ¿Cuántos colores diferentes tienes?

Cómo hacer pegamento

Muchos alimentos, como las papas y la harina, contienen almidón. El almidón no se disuelve en los líquidos.

Cómo hacer pegamento

Este proyecto, de fácil elaboración, considera el hecho de que los almidones no se disuelven a temperatura ambiente. Puedes hacer pegamento para pegar papel.

1. Pon en el tazón una cucharada bien copeteada de harina. Utiliza la cuchara para mover la harina hacia las orillas del tazón. De esta manera te quedará una especie de "pozo" hueco en el centro del tazón.

Necesitas:

una cuchara grande
un tazón
harina
agua
un frasco con tapa

2. Lentamente, añade un poco de agua en el agujero que formaste. Mezcla bien el agua y la harina. Si agregas mucha agua de golpe, la mezcla te quedará grumosa.

3. Sigue agregando agua con mucha lentitud, hasta que la pasta quede lisa y suave. Si está muy espesa, agrega un poco más de agua. Si la pasta está muy aguada, pon un poco más de harina en otro tazón y agrégale la pasta aguada. Guarda la pasta en un frasco con tapa hasta que la necesites.

Precauciones

Los proyectos y experimentos de este libro fueron diseñados para demostrar cómo funcionan algunos principios científicos. La mayoría son de fácil ejecución. Algunos no deberán llevarse a cabo sin antes haberle pedido permiso a algún adulto. Estos experimentos están marcados con la letra:

$$\textcircled{P}$$

De todos modos es mejor pedir permiso. También debe haber algún adulto disponible para contestar cualquier pregunta que se te ocurra.

Algunos proyectos están marcados con la letra:

$$\textcircled{A}$$

NO INTENTES LLEVARLOS A CABO A MENOS QUE HAYA UN ADULTO QUE TE PUEDA AYUDAR.

Los buenos científicos son muy cuidadosos. Siempre se protegen y protegen también a los demás. Ellos siempre escuchan los buenos consejos. Si sigues las reglas que aparecen a continuación, no correrás ningún peligro.

Para empezar a trabajar

Antes de empezar, lee bien las instrucciones. Esto te ayudará a entender lo que debes hacer. Lee la lista de los materiales que necesitas. Reúne todo lo que aparece en la lista y ponlo todo en un mismo lugar antes de empezar. Algunos experimentos requieren cierta preparación, como cortar cosas o medir y pesar ingredientes. Haz todo esto antes. Recuerda que debes pedir permiso si es necesario.

Calor, fuego y electricidad

Algunos de los proyectos implican el uso de calor o de una flama. Cualquier cosa que esté caliente te puede quemar. Nunca juegues con fuego, con el calor o con la electricidad.

Recuerda que el fuego siempre es peligroso. Pídele a un adulto que te ayude en los experimentos en que tienes que cocinar algo o utilizar la flama de una vela. Sólo usa cerillos de seguridad (los que son largos y de madera). Coloca todo tu material en forma adecuada, para que no tengas que pasar el brazo por encima de una flama para alcanzar alguna cosa. No uses ropa suelta que pudiera prenderse accidentalmente. Siempre pon cerca de ti una cubeta de agua, por si las dudas.

Si estás usando electricidad, siempre pídele a algún adulto que esté pendiente. Recuerda que la electricidad puede matar.

Objetos filosos

Algunos de los proyectos pueden requerir el uso de tijeras o cuchillos. Los objetos con filo son muy peligrosos. Siempre pídele a algún adulto que te ayude en este tipo de experimentos. Diles que corten las cosas que necesitas para el proyecto. Ten mucho cuidado cuando abras latas o uses espejos.

Recuerda que el vidrio se rompe fácilmente y que los pedazos de vidrio roto tienen puntas muy filosas. La mayor parte de los experimentos se pueden realizar utilizando vasos y frascos de plástico. Si llegas a romper algo de vidrio, pídele a algún adulto que te ayude a limpiar de inmediato.

Sustancias químicas

Algunos de los proyectos requieren el uso de sustancias químicas. Todas las sustancias químicas que se utilizan en este libro son sustancias inofensivas que incluso podrías encontrar en casa, pero de cualquier modo hay que tenerles respeto. Asegúrate de que todos los recipientes que contienen sustancias químicas estén adecuadamente etiquetados. No los dejes al alcance de niños pequeños o animales curiosos. Nunca mezcles las sustancias químicas, a menos que estés seguro de saber lo que puede pasar. Algunas sustancias inofensivas pueden volverse peligrosas cuando se mezclan con otras. Asegúrate de tirar adecuadamente las sustancias químicas cuando hayas terminado un experimento. Las sustancias secas pueden envolverse en periódicos y ponerse en la basura. Los líquidos habrá que tirarlos por el fregadero o por una coladera, seguidos, en cualquiera de los dos casos, de mucha agua limpia.

Las herramientas y el equipo

Las herramientas como martillos y clavos o taladros pueden ser muy peligrosas. Si necesitas usar herramientas en algún experimento, siempre pídele a algún adulto que te ayude. Te pueden ayudar a clavar o pegar cosas, o a hacer agujeros o a cortar.

Reglas generales para que la ciencia sea segura

- Si tienes alguna duda, pídele ayuda a un adulto.
- Siempre lávate las manos antes de empezar y al terminar.
- Cubre la superficie de trabajo con periódicos, para protegerla.
- Nunca realices un experimento sin haberlo planeado bien antes. Nunca hagas un experimento sólo para ver qué pasa.
- Puedes ir juntando objetos útiles para tus experimentos, como frascos vacíos, cartón o papel, lápices, etc. Siempre asegúrate de que estén limpios. Guárdalos en forma ordenada y en un lugar adecuado.
- Es buena idea llevar una libreta con las notas de tus experimentos. Toma notas después de cada experimento. Tus notas te podrán servir en el futuro. Si no te sale algún experimento, tus notas te ayudarán a entender por qué. Así podrás volver a realizar el experimento.
- Siempre ordena todo cuando hayas terminado tu experimento. Guarda los materiales que te hayan sobrado y pon en su lugar el equipo que hayas usado. Tira todo lo que sea basura.
- Mantén los objetos y las sustancias peligrosos fuera del alcance de niños más pequeños y de los animales.

Palabras que debes recordar

absorber incorporar una sustancia líquida en otra sólida por medio de la acción química.

ácido sustancia agria.

amasar golpear y estirar la masa para hacer pan. Al amasar se distribuye en toda la masa el gas que suelta la levadura. Esto es lo que permite que el pan quede esponjado.

bacterias pequeños organismos que crecen en todas partes. Necesitarías un microscopio muy potente para poder ver a las bacterias, aunque estén en todas partes, como en el aire y en la comida que ingieres. Algunas son dañinas y otras no.

biología el estudio de la vida y de los seres vivos.

biológico que se refiere a la biología.

carbohidrato uno de los componentes de algunos alimentos. El almidón y el azúcar son carbohidratos. Cuando tu cuerpo digiere los carbohidratos, éstos se convierten en energía.

carbonatación poner bióxido de carbono en un líquido.

condensar hacer que algo sea más denso o espeso. La leche condensada, por ejemplo, es más espesa que la leche normal.

congelar hacer que un líquido se vuelva sólido. Cuando están congeladas, las moléculas tienen una forma definida y no se desplazan.

densidad medida de lo densa o compacta que es una sustancia.

destilar proceso a través del cual se quitan las impurezas de un líquido. El primer paso consiste en calentar un líquido para que se convierta en vapor. Cuando el vapor se enfría, vuelve a convertirse en líquido, pero ahora estará limpio.

emulsionar combinar dos ingredientes que normalmente no se mezclan. Las pequeñas gotas de un líquido quedan suspendidas en el segundo líquido.

enzima proteína que ocasiona reacciones bioquímicas. (La palabra bioquímica es la combinación de las palabras biología y química.)

espuma burbujas suaves que se producen al mezclar agua y jabón.

filtro dispositivo que recoge los objetos que se encuentran suspendidos en un líquido, mientras que deja pasar al líquido mismo. Un filtro para café, por ejemplo, recoge el polvito del café.

fundir hacer que una sustancia sólida se vuelva líquida, como el hielo cuando se vuelve a convertir en agua.

gas conjunto de cierto tipo de moléculas que pueden moverse libremente y en todas las direcciones.

iceberg pedazo enorme de hielo que flota en el mar. Algunos icebergs tienen varios kilómetros de longitud.

levadura planta de una sola célula. La levadura se utiliza para hacer pan y bebidas alcohólicas.

líquido sustancia húmeda cuyas moléculas se pueden mover.

maduro cuando la fruta y los vegetales están listos para comerse.

mineral sustancia inorgánica que no proviene de una planta o un animal. Los minerales por lo general se extraen del suelo o de las minas.

moho pequeño hongo que crece en los alimentos tanto de origen animal como de origen vegetal. Normalmente el moho tiene un aspecto como de pelambre. El moho suele indicarnos cuando algún alimento ya empezó a podrirse.

molécula pequeña partícula de materia. Las moléculas son tan pequeñas que no se pueden ver. Incluso un solo granito de polvo contiene millones de moléculas.

proteína un componente de algunos alimentos. Tu cuerpo necesita proteínas para crecer y para poder realizar sus funciones.

reacción química proceso que cambia la composición química de las sustancias.

saliva también llamada baba. La saliva de tu boca contiene enzimas. Estas enzimas comienzan a degradar la comida mientras masticas, para que tu cuerpo pueda digerirla.

solución líquido en el cual se disolvió alguna otra sustancia. El agua salada, por ejemplo, es una solución, porque la sal se disolvió en el agua.

soluto sustancia que se disuelve en un líquido. El azúcar, por ejemplo, es el soluto en un té endulzado.

suspensión líquido que contiene sustancias no disueltas.

vapor es en lo que se convierte el líquido cuando se calienta. Las moléculas de vapor quedan suspendidas en el aire. El humo que sale cuando se hierve agua es vapor.

vegetariano que no incluye la carne en su dieta.

vitamina componente de la comida que tu cuerpo necesita para crecer y mantenerse saludable.

Índice analítico